HYVÄN HEDELMIÄ

Antero Karimo

HYVÄN HEDELMIÄ

Kustantaja: BoD – Books on Demand, Helsinki, Suomi

Valmistaja: BoD – Books on Demand, Norderstedt, Saksa

ISBN: 978-952-80-4964-7

HYVÄN HEDELMIÄ

1.

"yhä rakastan maailmaa"

HYVÄN HEDELMIÄ

tässä elämässä
  kerroksiltaan niin moninaisessa
  laajemmassa kuin maan piiri
  syvässä ja huikeassa

jossa räpiköimme pinnassa
  vailla suuntaa

tässä maailmassa
  yhtä laajassa kuin maan piiri
  monikerroksisessa
    jossa kaikki moninaisuus lomittuu
      itsensä kanssa
    raastaviksi ristiriidoiksi

täällä
  missä takautumat meitä takovat
    missä eteen suuntautumisen loputtomat vaihtoehdot
      imevät meitä eri suuntiin

on niin helppo katsella kaikkea kyynisesti
suojata itseään unelmiensa harhalta

on helppo pettyä
          pettää
          ja tulla petetyksi
     antaa takaisin

katkeroitua

etsiä se oma juttunsa
     pahan huikeista kukista
tanssia tulisilla kengillään
     ihmisraunioilla
     tympeiden tuhkien päällä

elämä on enemmän

   maailmassa on järki

ei enempään tuosta vain tartu

   ei järkeä ihmisraukka hevin ymmärrä

voi yrittää

löytää itsensä

   itsestään pois

kohdata toisen

   hänen kasvonsa

maailman tulen

   elämän onnen

haparoida kohti rakkautta

kaiken tuhkan keskellä

helliä hentoja taimia

edes yrittää
    nöyränä kasvattaa

edes joitakin

    hyvän hedelmiä

    raikkaita

KUINKA VÄHÄN YMMÄRSINKÄÄN

asetin itseni alttiiksi

kuinka vähän ymmärsinkään

itsestäni

ruumiistani

siitä mitä on olla toisen kanssa

kun asetin itseni alttiiksi ensimmäistä kertaa

ajattelin ettei muuta mahdollisuutta ollut

ilman itseni alttiiksi laittamista en pääsisi ikinä

mihinkään

en saavuttaisi sitä yhteyttä mitä halusin

tarvitsin

kuinka vähän ymmärsinkään

siinä tilassa minkä tajusin

kykenin rakastamaan täydellä voimalla

saamaan vastarakkautta

15

mutta miten vähän ymmärsinkään

oman sieluni haavoista

mustista kohdista

aukoista

tiettömistä taipaleista

eksyksissä olosta

miten vähän ymmärsinkään

ruumiini lukoista

tukossa olevista virtauksista

elottomuudesta

miten vähän ymmärsinkään toisesta ihmisestä

en edes ymmärrä miten vähän

niinpä tajuamani tila kävi pienemmäksi ja pienemmäksi

sieluni haavat aristivat

aukot isonivat

ruumiini kiristyi

tiukaksi kimpuksi

vastarakkaus katosi

olin yksin

minun piti asettaa itseni uudestaan alttiiksi

kuinka vähän ymmärsinkään
    kuinka vaikea on oppia
        muuttua
            päästää irti
        saada yhteyttä

uudestaan alttiiksi
    uudestaan
        uudestaan
            vielä

kuinka vaikea onkaan lopulta asettaa itseään alttiiksi

mitä muuta on
    kuin itsensä alttiiksi asettaminen

kuinka vähän ymmärränkään
    ainoa toivoni – toinen

OLLA OMA ITSENSÄ

olla oma itsensä

tosi oma itsensä

ei vieras itselleen

elämässä on niin vähän mitä todella tarvitsee

  niin paljon

olla oma itsensä ja saada mitä tarvitsee

  olla tarvittu ja haluttu

    kunnioitettu

    tietää mikä on totta ja todellista

    tuntea kauneus ja kaiken rumuuden kätkemä kauneus

  kellua hyvyyden ympäröimänä

tehdä hyvää ja olla hyvien tekojen kohteena

  hyvyyden kyllästämänä

    rakkauden koskettamana

  rakkauden meressä

rakastaa ja saada rakkautta

innostua

rauhoittua

tuntea syvää tyydytystä

kyltymätöntä uteliaisuutta

nähdä selvästi

nöyrtyä läpitunkemattoman mysteerin edessä

olla huoleton

leikkisä

nähdä olemassaolon huumori

julmuus

tuska

täyttymys

olla olemassa

tekemässä

tuntea

nähdä

rakastaa

olla oma itsensä
ymmärtää
nähdä

tosi oma itsensä

niin vähän
oleellinen
valtavan paljon

YHÄ RAKASTAN MAAILMAA

kaiken jälkeen
　kaikesta huolimatta
yhä rakastan maailmaa

pettyneenä ja petettynä
　jätettynä
　pettäneenä jättäjänä
　hylättynä
purematta nieltynä ja ulos oksennettuna
　pirstaleiksi hajonneena
vailla keskusta johon kerätä palasiani
mudalla tahrittuna
　suossa seisoen
　vailla pohjaa

yhä rakastan maailmaa

elämäni karhea köysi

solmittuna solmuihin

joita ei auki saa

solmu solmun perässä

solmujen verkko

sitomassa minua

jäseneni puutuneena

vatsani ontto

pääni sumua täynnä

yhä rakastan maailmaa

ei minusta mihinkään ole

ei unelmiani täyttämään

ei unelmiasi täyttämään

kesken jääneet yritelmät

viimeistelemättömät viritelmät

arvoni mitta tyhjä

yhä rakastan maailmaa

yhä rakastan sinua

KOSKETUS KATOAA

yhteys toiseen

  kosketus

kaipuu kosketukseen

  yhteyteen

    katoaa

      hukkuu

        jää alle

helposti

elämän versot kasvavat

  aina uudestaan ja uudestaan

    uusiin tilanteisiin

      vanhan pohjalta

    jää alle

    vanhan

miten koskettaa

  miten yhteys

kuuntele

kunnioita

anna tilaa

itsellesi

toiselle

pidä huoli

elämästä

sen puhtaasta voimasta

alkuperäisestä

yhteys lähteeseen

siellä se on

yhteys toiseen

pidä huoli siitä mikä on tärkeätä

vähemmän tärkeä pitää kyllä huolen itsestään

liiankin hyvin

yksinkertainen

lähellä sinua

alkuperäinen

tärkeä

älä anna sen jäädä alle

turhan

kuuntele

kunnioita

anna tilaa

itsellesi

toiselle

elämälle

ITSESI PUHDAS LANKA

sinä olet

  mitä olet

luot itsesi

  sydämesi lämmössä

    sielusi syvyyksissä

      oman henkesi palosta

puhtaana

  todesta itsestäsi

    herkkänä

    hämilläsi

otat itsesi puhtaan langan

  kudot siitä elämäsi

    sen mikä näkyy

    sen joka on yksin sinulla

kaiken mitä rakastat

kudelmiesi kärhet liittyvät ympärilläsi olevaan

  antaen ja saaden

    kudotte toisianne tuoden toisillenne

  valoa

   lämpöä

    rakkautta

     iloa yhteydestä

kaikki kasvaa ja kehittyy

aika on muutosta

  osa keskinäisistä kudoksistanne vain syvenee

    pysyvän ytimen ympärillä

     muuttuu mutta lujittuu

toisaalla kudot uusia uudenlaisia kudoksia

osa kudelmistasi irtaantuu sinusta

    niiden kuuluukin

sinulle rakkaat asiat siirtyvät eri asemaan

    kasvavat omilleen

    kauemmaksi

    kantaen mukanaan omaa totta itseänsä

    mukanaan muisto sinun kosketuksestasi

        lämmöstäsi

        hellyydestäsi

irtoavat sinusta kuin juurekset ajan tullen muhevasta maasta

    muistaen antamasi ravinnon sisällään

    murusia sinusta kärhiinsä tarttuneina

kulkien kohti uutta vaihetta elämässään

katsot sitä haikeana

    mutta tietoisena

    tapahtuu niinkuin kuuluukin

joskus maailma ja elämä ruhjoo

   viiltävä terä leikkaa kudelmat irti ennen aikojaan

   kesken kasvun ja kehityksen

jättäen vain äänettömän valituksen

   surusta sokeat silmät

     tuskan

       kestämättömän tyhjyyden

irtileikatut kärhet

   murskatun hellyyden

     viillon

       josta lämpö ja rakkaus valuvat tyhjiin

     viillon

       jota kyyneleet eivät paranna

     viillon

       joka ehkä arpeutuu mutta ei enää elä

sisälläsi

sinä olet kuitenkin mitä olet

totuuttasi

lämpöäsi

valoasi

rakkautta

sisälläsi olevaa iloa ei mikään voi viedä pois

voit yhä kutoa

elämäsi

omasi

omasta puhtaasta langastasi

itsesi

yhdessä lähellä olevien kanssa

loputon ilo

MITÄ OLISIN ILMAN SINUA

mitä olisin
  ilman sinua
olisin hillitty ja hallittu kuori
    en tyhjä
   mutta sisältä puutteellinen
     en vailla järjestystä
    mutta järjestyksessä joka ei minua tyydyttäisi
  en vailla mieltä
   mutten mielissäni
    tarkoitukseni eri kuin tarkoitin

sinä
  sytytät minussa hengen
    elän eri lailla
     maagisemmassa maailmassa
      jossa minulla on paikka
   tarkoitus

ei se sinusta tule

   sinä sytytät sen

itse minun täytyy järjestykseni luoda

   sinun kosketuksesi ympärille

en sinun varaasi voi rakentaa

   elämääni

     mieltäni

      tarkoitustani

et sitä kestäisi

  ei se tekisi hyvää sinulle eikä minulle – meille

en voi niitä varaasi rakentaa

  mutta eivät ne olisi sama

    ilman sinua

vailla jotain

   ilman sinua

rakkaani

  me

RAKKAAMME – ME

sinä sylissäni
  minä sylissäsi
 me

niin paljon
  kaunista ja kamalaa
 toisemme

hyväksykäämme
 kokonaisuutemme
   moninaisuutemme
  omistaminen
 omistautuminen
me

vuoroin toisissamme käydään
 omistamme toisemme

me – rakkaamme

ASENTEESTA SE ON KIINNI

asenteesta se on kiinni

   elämäni

  millainen se on

onko?

  ei kaikilta osin

en voi olla hyvä siinä

   mihin minulla ei kerta kaikkiaan ole lahjoja

voin asenteella yrittää opetella

           harjoitella

   saada aikaan jotain

 mutta en olla edes hyvä

   jos ei kerta kaikkiaan ole lahjoja

    edes hyvä

     puhumattakaan loistava

en voi millään asenteella

  olla muuta kuin pohjimmiltaan olen

            lopulta

voin kyllä asenteella näytellä

    pettää itseäni ja muita

        olla olevinani jotain mitä en ole

      muka

        onnettomasti

mutta muuten

    asenteesta se on kiinni

  elämäni

millainen se on

katkera

  kateellinen

    ylimielinen

      yliolkainen

tylsä

  typerä

    iloton

      inhottava

    ilkeä

vaisu

vaillinainen

valittava

onneton

levoton

vailla mieltä

nujerrettu

tympeä

kyynisyyden kruunaama omahyväisyys

narsistin nautinnot ja itserakkaan ihastukset

elämä

jossa se mikä ei kuitenkaan

kaikesta huolimatta tyydytä

on aina jonkun muun vika

asenteesta se on kiinni

elämäni

siihen voin tarttua myös tosissani

asenteella

sillä oikealla

silloin olen aina kuilun partaalla

elämä on iso ja kauhea

huikea ja hulvaton

ei sitä voi katsoa kuin nöyryydellä

tosissaan ja vakavasti

ei sitä kestä ilman huumoria

elämän iloisia temppuja

jotka jättävät ihmisen tärisemään kuilun partaalle

ei elämää voi voittaa tai hallita

elämää voi kuitenkin elää

asenteella

elämä on hieno

    siinä on tuhat asiaa mistä iloita

        kymmenen tuhatta mistä olla onnellinen

        miljoona mitä rakastaa

ilo ja innostus

    olla oma itseni

      hyväksyä

tehdä tosissaan sitä mihin on lahjoja

    mitä haluaa

sen itsensä vuoksi

    omistamatta sitä

asennetta on olla ylpeä

    sen itsensä vuoksi

asennetta on nähdä muut

heidän itsensä vuoksi

ei minun oman itseni jatkeena

nähdä heidän erilaisuutensa

ja samanlaisuutensa

ja kuinka he tekevät minusta täydemmän

tuomalla elämääni jotain muuta kuin itse olen

rajoittamalla itseäni paisumasta joksikin mikä ei ole totta

jatkuva kamppailu

löytää totuus itsestäni ja muista

mitä olen

mitä tarvitsen

ei onnistu kamppailu ilman asennetta

nöyrää

kunnioittavaa

tärkeätä on vain vähän

osaisinpa sen ymmärtää

antaa tulla omakseni

ei auta valittaminen

ei syyttely

ei synkkyys ja ilottomuus

auttaa keskittyminen

irti päästäminen

asenne

olla nöyrä nujertumatta

olla tosissaan ja nauraa

olla maailmaa varten

iloita elämästä

EI ILMAN VIISAUTTA

on asioita

joita ei ole viisasta tehdä

sitä ja tätä

yhteen suuntaan – ei viisasta

toiseen suuntaan – ei viisasta sekään

jos haluat elää

ei ole viisasta pidätellä elämää

estää

typistää

kuristaa

elämän villejä ilmaisuja

tapa vaatii

peitä itsesi

toisten paheksuvat katseet

kateellisten keskuskomitean julkilausumat

  ja julkilausumattomat katseet

oma arkuus

  pelko olla naurunalainen

pidän sisälläni

  se on turvallista

mutta ei viisasta

toiseen suuntaan – ei viisasta

ilmaisen aina

  mitä mieleen tulee

mielestä viis

  muista viis

mitä tahansa sisältäsi nousee

    anna sen tulla täysillä heti

      toisten kasvoille

märkä rätti

polttava happo

isku vasten kasvoja

puukko selkään

itsensä ilmaisemiseen on oikeus

pidättely pahasta

vapaa kuin taivaan lintu

ihanaa

mutta ei ilman viisautta

viisautta on

kasvaa sisäisesti

ymmärtää mitä tapahtuu

löytää oma juttunsa

oma osansa

oma tyylinsä

löytää oma harmonia suhteessa toisiin

ymmärtää ja hyväksyä itsensä

ymmärtää ja hyväksyä toiset

se mikä itsessä on ymmärtämisen

ja hyväksymisen arvoista

mikä toisissa

viisaus vaatii viisautta

aikaa nähdä ja ymmärtää

ei liikaa

ei liian vähän

tehdä kun on teon paikka

ilmaista kun tulee ilmaista

harkita kun on harkinnan paikka

vetäytyä sivuun kun on sen aika

olla oma itsensä

itsensä josta kykenee olemaan oikeasti ylpeä

ja nöyrä

KIRKAS VALO

kirkas valo
kultainen
hopeinen
puhdas
upea
jokaisen meistä sisällä

peittyy
soveliaisuuden
rutiinin
järkytyksen
mahdottomien tilanteiden
sielun haavojen
arpien ja rupien

kiireen

velvollisuuksien

pettymyksen

katkeruuden

kateuden

kaiken

alle

siellä se kuitenkin on

sieltä sen voi löytää

jos haluaa etsiä

jos uskaltaa antaa sen loistaa

edes vähäsen

KOLME

tärkeitä ovat kolme

kolme

kahteen suuntaan

olla tarvittu

olla haluttu

olla rakastettu

tarvita

haluta

rakastaa

2.

"rakkauden salatussa valossa"

HALUAN ARMON JA ANTEEKSI

rakkaani sanoi

   anna minulle armoa

rosoisin huulin imeytyi ihooni

   rosojen raoista toi sieluuni valoa

    rakkaani

    rakkaani

niin helposti pimeä hyväilee pimeää

    niin helposti vetäydyn kuoreen

    on vanhojen kipujen voima mahtava

            mahtava

  hento valo katkeaa helposti

      niin helposti

oi jospa osaisin sinut ottaa

    jospa osaisin itseni antaa

tarttua käteesi

    nähdä silmäsi

uskaltaa

rakkaani

rakkaani

    anna minulle anteeksi

        jaksa odottaa samaa minulta

    älä hylkää kun muutun pieneksi

mitä olisin ilman sinua

anna minulle sinun lämpösi

    lämmitä sieluni viillot

    näe se mitä voisin olla

ota se syliisi

kaiken takaa haluan sinut

haluan saada ja antaa

armon ja anteeksi

haluan sinut

sinut haluan

rakkaani

rakkaani

minä haluan saada ja antaa

haluan armon ja anteeksi

RAKKAUDEN SALATTU VALO

tarvitsen sinua

niin paljon

haluan olla tässä ja nyt

kun tarvitset minua

rakkaani

ei muille pysty kertomaan

mitä välillämme tapahtuu

tuota selittämätöntä

emme sitä aina ymmärrä itsekään

koemme sen

toiset kokevat omat salaisuutensa

meille ja muille käsittämättömät

tarvitsemme toisiamme

rakastamaan ja vihaamaan

näkemään itsemme ja vapisemaan

lohduksi

olen tässä

   halukas halusi kohteeksi

     haluan sinua

   haluan sinun haluavan minua

rakkaani

   todeksi tullut unelmani

     josta en osannut unelmoida

rakastan sinua

   tarvitsen ja haluan rakkauttasi

   tarpeeni kulmikas kovuus

    haluni raastava raivo

 pehmenevät

   muuttuvat

     intensiivisiksi

       joustaviksi

         tunnusteleviksi

      paremmin panssarit ja puolustukset läpäiseviksi

 jalostetuiksi

   mielen omaaviksi

rakkauden salatussa valossa

kasvavat hyviksi hedelmiksi

ei sitä muut näe
emme mekään sitä ymmärrä

mitään muuta kuin sen emme ymmärrä!

rakkaani
rakastetaan

PALA TOISTA

toista on olla pala toista
        yhdessä
           rakastaa
ilman sitä
  itse vaillinainen
    olet täysi palana toista
      toisen pala täyttää sinut

ikuinen kiertokulku
    annat itsesi toiselle
      toinen antaa itsensä sinulle
    ei ole toista
      on yksi
ikuisesti muuttuvassa kiertokulussa

miten palojen peli kasvaa yhteen
  kokonaisuudeksi jossa kumpikin saa ja antaa
    toteuttaa itsensä toteuttamalla toisen
      antamalla toisen toteuttaa itsensä
    olla itsensä toisen kanssa

rakkaus

tuo ylitsevuotava

kaiken kattava ja kaiken läpäisevä kaikkeus

siitä ei pääse mihinkään ettei sillä ole rajoja

ei pysyvää hahmoa

rakkaus on myös tilan antamista

toisen omien olojen näkemistä

tunnustamista

hyväksymistä

toisella joka on myös minä on omat palat muiden kanssa

omat ystävät yhteisten ystävien ohella

onko niille tilaa palojen pelissä

olla oma itsensä kun on yhtä toisen kanssa

ei itse ole jäykkä

palojen peli ei ole voittamisen peli

enemmän leikki

leikki mutta tärkeintä mitä elämässä on

ei totinen jäykkyys

ei itsekkyys

ei oma etu

ei muodottomuus

ei itsestä luopuminen

on oman itsensä kunnioittamista

tasapaino

yhtäältä ei rakkaudessa voi olla yhteistä liikaa

toisaalta rakkaus tarvitsee tilaa

vapauden

kunnioituksen

rakkauden

tasapaino muuttuu koko ajan

sen mukana kasvaa

omistamalla mitä kuuluu tulla

luopumalla minkä tulee mennä

rakkaus ei ole pala

rakkaus on kaikkeus joka tarttuu kaikkeuteen

valju ellei se pala

RAKKAUS MONIKASVOINEN

rakkaus

monikasvoinen

monivärinen

kaikenkarvainen

äidin lempeä

nuori malttamaton

rakastajan kaikkinielevä kiihko

keski-iän kaiken kärsivä

vanhuuden kuulas

ihmisten välinen jännittävä jännite

omistaminen

luopuminen

lepoa tuova luonnonrakkaus

syleilevä maailmanrakkaus

elämän rakkaus

rakkaus

joskus viiltävän kova

rajoja asettava

joskus loputtoman kärsivällinen

anteeksi antava

anteeksi antamaton

pakottava

salliva

hyvä

kaunis

tosi

rakkaus

nuo värilliset silmälasit

vaihtuvaväriset

ne suodattavat kunkin elämän kohdan ytimen

hyvän hyvän

kauniin kauniin

toden toden

pinnasta perustaan

yltäen syvyyksiä syvemmälle

rakkaus

tuo koettelemus

taakka joka repii meidät kappaleiksi

jonka kanssa ei voi elää

ilman ei

rakkaus

mihin suuntaan kasvaisimme ilman sitä?

rakkaus

nuo silmälasit joiden avulla näet toisen

mitä hän voisi olla

näet ja ihastut

ja paljon enemmän

MENNEET JA UUDET RAKKAUDET

menneiden rakkauksien

hehkuvat tuhkat

niillä poltan sinua

menneiden rakkauksien

kylmenneet tuhkat

ne juotan sinulle

katkerat

tukahduttavat

pahasti polttavat

otanko menneen varoituksen

opinko siitä

vai toistanko kaiken

teen sinulle saman

uudestaan saman

uudestaan

uudestaan

vai keksinkö aivan uuden tavan

harjata karkealla harjalla

saada solmuun

tuhota huikean liekin

haipua

tylsistyä

olla ilkeä

rakkaudessa kaikki on sallittua

ei kaikki kuitenkaan kovin suotavaa

rakkaus kestää kyllä kaiken

mutta jotkut reunaehdot siinäkin on

voi elämän solmut

nuo tiukat

UNELMIEN PARISUHDE

muovata kumppanistaan

   unelmiensa kuva

mikä painajainen

kaikille osapuolille

OMISTAVA OMISTAVA RAKKAUS

mitä on omistava rakkaus
 yhteen suuntaan
  kun haluaa omistaa toisen
nähden oman tarpeensa
  toisen sen täyttäjänä

kun haluaa toista
 ei halua laittaa itseään likoon

kun haluaa omistautua
 vain omistamaan toista

rakastaa toisella itseään
puhuen kauniita
 kuin ontosti kumiseva enkeli

tietäen jo etukäteen

  mikä on parhaaksi

  uskoen siihen lujasti kuin vuori

  kuin vuori

yhtä mahdoton siirtää itsensä omahyväisyytensä päältä

voi toista kun uskoo tämän vuoren vielä siirtävänsä

  muuttavansa

    vielä tulevansa kuulluksi

mutta omistava omistava rakkaus

  etsii vain omaansa

    uhraten kyllä toiselle aikansa ja tekonsa

    kuin omistamalleen kauniille esineelle

  jonka haluaa esille katsottavaksi

juuri haluamallaan tavalla

omistava omistava rakkaus

  omaansa etsivä

kaikki siitä kärsii

  kukaan ei sitä kestä

pyrkii täydellisyyteen tullen kovin vajavaiseksi

lopulta hylätään

katkeroituu

toivon toisenlaista

uskon että muutakin on

edes hieman suurempi rakkaus

särkynyt

uskaltaa myöntää sen

särkyneensä

heikkoudessaan vahva

toisen näkevä

etsii omaansa

etsii toisen omaa

toistensa toivot

särkyneet

OMISTETTU OMISTAVA RAKKAUS

kuin maan syvyydestä ja taivaan korkeudesta

  nousee sisältäni halu

 kaipuu

   pakottava voimassaan

  herkkä ja arka

  olla kokonaan sinun omasi

 tulla täydellisesti omistetuksi

sinun vailla ehtoja

   täydellisesti

täydellisesti omistaa sinut

 sinä

  kokonaan minun

   ehdottomasti

me

　meidän

　　vailla säröä

　uponneena toisiimme

　　halumme kiihkossa

　epävarmuutemme hauraudessa

hellïä toisen arkaa ihoa

me

　oudot kenguruotukset

kumpikin yhtä aikaa emoja ja pentuja

　pitäen toista turvassa

　suojassa

　　hellässä lämpimässä pussissaan

　　　lähellä

　　　kiinni

　　　takertuen

　　　hyväksyttynä

epätoivoisesti toisesta kiinni pitäen

epätoivon lauetessa rauhaksi.

tyynnytykseksi

käpertyen lämpimään syliin

silittelyyn

helliin sanoihin

kuinka se on mahdollista

kumpikin kumpaakin samaan aikaan

emo ja pentu

outo nelosotus

kaksi kaksoisotusta

kumpikin kietoen oman

suojaavan pussinsa toisen ympärille

samalla käpertyen toisen pussiin

miten se on mahdollista

tuo ihme ja kumma

se vain on

vuorovetten prinsessa ja prinssi

sinä kietoutuen ympärilleni
  minä sinun
pala sinua minussa
  minua sinussa
kumpikin ottaen omansa
  väistyen
    antaen toiselle tilaa
  herkkinä
    tunnustelevina

ei sijaa jäykkyyden kivikoilla
  itsepäisen itsekkyyden kallioilla
vuorovesi kuljettaa särkyneiden kallioiden palasia
  kauniille paikoilleen

anna anteeksi
  minä annan
    sinä annat
      vuoroveden voima

voi sydämeni

   luja kallioni

voi taivas ja maa

  pakottava tarve

    johon ei vastattu

       ei vastattu

särkyi kirkuen palasiksi

  aroiksi ja säikyiksi

hio – vuorovesi – hio

vasten sinun sydämesi pirstaleita

sinne

   tänne

kuka ne kuljettaa kauniille paikoilleen?

  ainoa toivoni

   toinen

vuorovesi

sinne

tänne

kuinka epävarmuus voi suojata

kuinka halu saada toiselta ravita toista

arkuus arkuuden päällä

epävarmuus epävarmuuden ympärillä

mikä vahvuus

voima

haluan olla omasi

omistaa sinut

kokonaan

kumpaakin

täydessä vapaudessa

tuossa pakottavassa tarpeessa

omistaa ja olla omistettu

omistautuminen kietoutuen omistautumiseen

tarpeeni

   sinun tarpeesi

   täyttävät toisensa

muista ehkä huvittavaa

   meille koko maailmamme

     me

vapaus ja luottamus

   vastuu ja välittäminen

   omistautuminen

     oi omani

      olen sinun

   rakas

    me

RAKKAUS – KUIN LAPSI JOKA KASVAA

rakkaus on aluksi kuin vastasyntynyt lapsi

kallisarvoinen

avuton

siitä huolehtii vaistonvaraisesti

sen tarpeet ovat yksinkertaiset

valtavat

se riittää sellaisenaan

avuttomana myttynä

ilman sanoja

ilman ymmärrystä

katseessaan välillä viisaus

syvä

tunnistava

rakkaus kasvaa

kaivaten tasapuolista huolenpitoa

kummaltakin

ei se halua jäädä

    vain mammanpojaksi

   ei pelkäksi isän tytöksi

 ei vinoutua

tarvitsee kumpaakin

se oppii vähitellen

  ottamaan askelia

   haparoivia

    uusille teille vieviä

  se oppii puhumaan

  vaatimaan

   ei se halua olla sinun jatkeesi

sillä on oma tahto

sen on opittava paljon

   joka läsnäoloaan säästää

   se lastaan vihaa

rakkauden tarpeet kasvavat

monipuolisemmiksi
syvemmiksi
antoisammiksi
aina vain suuremmiksi ilon lähteiksi

se on oma itsensä
ei sitä kannata yrittää pakottaa
täyttämään turhia tarpeita
oman egosi pönkittämistä
turhautumiesi purkamista
tuomaan mainetta

se täyttää kyllä tarpeesi
aidot ja ihanat
lopulta niin moninaiset ja mittavat
että sitä on vaikea ymmärtää
merkitykselliset
valoa elämään tuovat

anna sinäkin sille itsesi

antakaa molemmat

rakkauden yksinhuoltajana on ikävä olla

laiminlyöty rakkaus on vielä ikävämpää

laiminlyöjänä on erityisen ankeaa

rakkaus – kuin lapsi joka kasvaa

aluksi tuore ja yksinkertainen

ihana sellaisena

sitten totuttu ja monipuolinen

ihana sellaisena

sitten laaja ja syvä kuin maan piiri

ihana sellaisena

rakkaus

herkkä ja vaativa

kultaakin kalliimpi

3.

"etsin – sekin on paljon"

TOTUUS

totuus
  tuo kaunis ja hyvä
se pureutuu syvälle maailman rakenteisiin
  kirjoittaa itsensä niihin tulisin kirjaimin
se häikäisee niin ettei sitä pysty kunnolla erottamaan

mikä on totuutta
mikä sen liekin heijastusta
mikä silmieni kipunointia

kun katson oikein tarkkaan
  kyllä kai sen näen
 vai sulavatko silmäni
jähmettyen taas
  linssit vain yhteen asentoon jääneenä
   nähden vain ainoan oikean oman totuutensa

ei

parempi katsoa poispäin

suojata itseään totuuden tylyydeltä

nauttia harmaasta

en ole musta

en valkoinen

vailla loistoa

turvassa

mutta mikä hehku selkääni kuumottaa

sen kärhet hiipivät hamuillen selkäni ydintä

pakko raapia

pakko katsoa

siellä se taas on

totuus

härnäämässä

tässä olen

  katso minua

et nähnytkään

  olenkin erilainen

luulit vain

minun silmäni näkevät

  mitä kykenevät näkemään

  ne on rakennettu pala palalta

  erilaisista paloista

 kotona ja koulussa

maailmalla ja markkinoilla

mistä on pienet silmät tehty?

 tiedosta totutusta

  luuloista ennalta esitetyistä

   parhaasta tiedosta mutta kuinka hyvästä

   siitä mitä haluan nähdä ja

  mitä minun halutaan näkevän

kulttuurin kudelmista

 ajan hengestä hauraasta

  tuosta jatkuvan kehityksen alaisesta

mitä minun silmilläni on palavan totuuden kanssa tekemistä?

sama kipinä niissä kuitenkin on
  syvällä
    pinnalla
  jossain
ehkä

maailman totuus pyörii ja jyrisee akselinsa ympäri
  murskaten lopulta kaiken luulon

sanoisinko ettei sitä ole
  koska en sitä hallitse
  koska en saa edes sitä kiinni
koska en edes tiedä koska kenties siitä häivähdyksen näen

etsin sitä

pyrin luomaan siitä mieleeni aavistuksen

niin vajavaisen

mutta kuitenkin

edes häivähdyksen

kultaakin kalliimman

etsin

sekin on paljon

totuuden leikki

tuo armoton

etsijä

ole itsellesi ja muille armollinen

UNELMAINEN

unelmat nuo kultasiivet

  ihanat

    tekevät elämästä elämisen arvoisen

mitä olisi elämä ilman unelmia

mitä on elämä unelmien kanssa

unelma

  kuin kotka lentää ankeuksien vuorten yli

unelma

  kuin virvoittava vesi aavikolla

unelma kuin itsepäinen sarvikuono

hentojen taimien tarhassa

unelma

  kuin hento taimi tarhassa

unelmat

  kaksi taistelee

   ilman sekundantteja

  säännöistä voi vain unelmoida

unelma

  kuin neuroottinen häkkieläin

  todellisuuden kaltereiden takana

unelma

  kuin vesi

   löytää tiensä padon läpi

     ympäri

  unelma

   kiemurtelee maassa

   siivet leikattuna

unelma tuo ovela

  lentää auringon suunnassa

   ei sitä edes nähdä

  leikkasivat siivet väärältä

   hölmöt

unelma unelmasta

  kultasiipisestä kotkasta

  taitolaji

pitää varoa ettei pidä varoa

  unelmien toteutumista

  vaikea vetää

unelmien ja painajaisten välinen

MODERNIN RISTIRIITA

tuon ihanan

vauraan

edistyneen

modernin maailman ristiriita

hieno ongelma ratkaistavaksi

saa hieroa älynystyröitään

kerrankin tarpeeksi

vapaus – ylitse kaiken

saan tehdä mitä ikinä haluan

siihen minulla on luovuttamaton oikeus

älkää tulko selittämään mitään

turvallisuus

se on yhteiskunnan velvollisuus

taata että olen turvassa

turvassa toteuttamaan itseäni

vailla pelkoa

vailla huolta

mukavissa verkoissa

sovita nämä kaksi

kudo yhteen niin

että toimii

ratkaisu on helppo

minun osani on vapaus

toteuttaa itseäni

sinun osasi on turvallisuus

pitää huolta että se on minulla luja ja varma

yksilölle vapaus

yhteiskunnalle turvallisuus

mikä on yhteiskunta?

jokin outo juttu

ei sitä tarvitse ymmärtää

kunhan ymmärtää

sitä syyttää kaikesta kurjasta

vaatia siltä kaikkea mitä ei

itse viitsi tehdä

olla ainakin tyytymätön siihen

jos ei muuten

niin jotenkin epämääräisesti edes

jokainen toteuttaa vapauttaan

siihen on oikeus!

omista lähtökohdistaan

omalla tavallaan

itse keskellä

olen saari!

kaikki ihmiset ovat saaria!

ihana juttu

eivät tule tielleni

lastut virrassa

nuo loukkaavat

miksi merkityksellisyys katoaa?

löydän kyllä sen

kun keskityn paremmin itseeni

mitä nautintoa vielä voisin löytää

miksi minut hakattiin illalla kadulla

kapakan edessä

missä oli poliisi

maksoin kaikki veroni paitsi kiertämäni

eikä poliisi ollut paikalla

puolustamassa oikeuttani

aukoa päätäni

kun siltä tuntuu

yhteiskunta on paska

aitaan itselleni alueen

sen sisällä nautin

omassa ruudussani

ilman hankalia ihmissuhteita

ostan itselleni helpot

antakaa rahaa

KULTTUURIMME KYLMÄSSÄ VALOSSA

kuulas kulttuurimme
  raunioista rakennettu
    perustat kaukana ajassa
      monin osin murentuneet
    lujasta kivestä rakennetut
  kiveen hakatut

kivestä veistetyt
  kauniiksi
  koristeltu savella
    niin pää
      rinta
    kuin jalat
  täydellisen kaunis
    kulttuurimme keho
      totuus
        kauneus
          hyvyys

lähteellä etsittiin

   ihanteet

    pidoissa viisaiden

  orjan osa aika orpo

järjestys maailman kuitenkin kosminen

   tunne itsesi

    tiedä paikkasi

järjestys vielä kosmisempi

   kaikkitietävä

    kaikki näkevä

    kaiken kutova

Jumala joka murskasi jumalat

    usko

     toivo

     rakkaus

niillä rakennettiin

    katedraalit

   niiden taivaisiin haipuvat tornit

    syvälle helvettiin kaivautuvat kellarit

lähteellä etsittiin

järjestys

ikkunat

ihmeenomaiseen valoon

maaorja tiesi paikkansa

paratiisiin kiemurteli kyy

tieto

yksilö

raha

eivät tienneet paikkaansa

villitsivät

loivat uuden järjestyksen

tyhjän

ilman henkeä

yritystä oli

vapaus

veljeys

tasa-arvo

mullistuksia mullistusten sisällä

koneet

massojen kapina

tiede tuo kylmän terävä

yksisilmäinen kyklooppi

laput silmänsä sivuilla

ettei häiriinny turhasta

epäoleellisesta

epätieteellisestä

kylmän veitsensä valossa

riehui kulttuurimme ruumiissa

tuossa jo muutenkin mätänevässä

tappoi vanhan järjestyksen

toi onton tilalle

mikä paikkamme

  miten elää

minä

  huutaa yksilö

    minä

etsii merkityksiä

  raataja rahamaailman alainen

syö iloisena loisena kulttuurimme kuollutta mätää lihaa

  joka ei enää oikeasti ravitse

    etsii merkityksensä siitä mihin ei enää oikeasti usko

  moraalinsa siitä mitä pitää naivina

edes ymmärtämättä sitä

etsijä

  etsi tiesi takaisin lähteelle

LÄHDE

mistä olet

mistä olemme

   mysteereistä ensimmäinen

 lähde

yhteys

alkuperään

 itseemme

  siihen todelliseen

 todelliseen maailmaan

voiko siihen löytää tien

 portin sisältämme

onko se niin huomaamaton

 ettei sitä olekaan

mistä tulemme

missä olemme

keskellä itseämme

keskellä maailmaa

yhtä paljon länttä ja itää

pohjoista ja etelää

kummallakin puolella

kaikilla puolilla

allamme on vähemmän

maan keskipisteeseen

niin paljon tähtitaivaaseen

mitä tähtien takana?

taivaasta tulemme

maasta heräämme

maa

tuo raskas ja vakaa

turvallinen ja ravitseva

siitä muovaudumme

tukemme ja kahleemme

taivas

muovaaja

kirkas ja kevyt ja vapaa

innostuksen lähde

kipinä sisällämme

kipinä vaatii

ettei sammu

kehomme hellää turvaa

olemme maasta ja taivaasta

savea ja tuulta

lihaa ja henkeä

verta

niin vastakkaisia

yhdessä enemmän

kokonaisuus

olemme yksi

taivaan avaruuden

maan keskipisteen

välissä

alkuperä on ykseys

tai ykseyden takana

lähde

mysteeri

mitä siitä voi sanoa?

kaiken voi nimetä

mutta voiko nimetä sitä mikä ei ole mitään

olemassaoloa ennen olemassaoloa

ei siihen sanojen pihdit tartu

voi runoilijaa

siitä on puhuttava mistä on vaiettava

maa ja taivas

itä ja länsi

minä ja muut

toiset ja heidän kasvonsa

kipinä sisälläni

kaiken keskellä

puhdas

kirkas

lähteestä tullut

heijastuu muiden silmissä

samasta lähteestä tulevat

kipinä tähdissä ja niiden takana

sytyttänyt maan humisevat tulet

sama lähde

koko olemassaolon kudelmalla

tanssit olemassaolon piirissä

taivaan ja maan välissä

käsi kädessä muun luomakunnan kanssa

kirkas ja puhdas

keskellä

hiljaisuudessa

rauhassa

yhteydessä

rajaton ääretön loputon rakkaus

valmiina ammennettavaksi

sanoin kuvaamaton

SOTURI

olla soturi

kunnian soturi

elämän kamppailuissa

missä pahinta vihollista

on parasta tarkkailla

peilin avulla

olla selvillä siitä miten asiat ovat

totuudesta ilman ylevyyttä

karusta ja kauheasta

ilman kyynisyyttä

totuudesta toivon kanssa

myötätunto ja ymmärrys raadollisuudesta

toisiinsa kietoutuneina

toisiaan tiukasti syleilevinä

nähdä kaikki puolet

kirkkaasti

tarkasti

ymmärtää

nähdä

silmillä ja aivoilla

sydämellä ja veren sykkeellä

luuytimellä

totuus

tarkasti

tuo jatkuvasti paikkaa vaihtava

olla valmis

olla valmis

levossa kuin vuori

tietäen missä on

tyytyväisenä paikkaansa

liikkeessä kuin virta

pehmeä

irtonainen

joustava

virran vesi

kaikkialle tunkeutuva

kaiken voittava

voittaa se mikä tulee voittaa

ei miettiä toisen nujertamista

miettiä toisen säästämistä

armottomasti täynnä armoa

taistelenko lohikäärmettä vastaan

tuota vihreätä

metsästänkö valkoista tiikeriä viidakon uumenissa

mustan kilpikonnan selässä

sitä vauhtiin piiskaten

syöden kaiken kypsän keltaisen viljan

ettei evästä minulle tai muille enää jää

sielulintuni lennellessä sinne tänne

levottomana

hätääntyneenä

ilman oksaa mille asettua

punainen lintuni

eksyksissä

uskaltamatta palaa

peläten tuhkaksi palamista

ei

mieluummin kutsun tiikerin

                lohikäärmeen

       tanssiin

    kauniiseen kuvioon

  toinen nousee

toinen laskee

aamuauringon taivaalla lohikäärmeen tanssi

    öisin ihmeellisissä paikoissa

iltaruskon tiikeri

  sulavin liikkein hiipii pehmeästi

    huomaamatta

      läpi sankan viidakon

ei niiden kanssa tarvitse taistella

mieluummin tanssia

leikkiä

uskoa niitä

ottaa ne omakseen

sielulinnun liekillä

kaiken polttavalla

tuhkasta aina nousevalla

tukeutua mustaan kilpikonnaani

vahvaan

suojaan kätkettyyn

hellästi piilossa pidettyyn

oi vihreä lohikäärmeeni

valkoinen tiikerini

musta kilpikonnani

keltainen kypsä viljani

punainen palava lintuni

tuhkasta nouseva

kun vahva kilpikonnani lopulta uupuu

haipuu

ja jää vain tyhjät kuoret

keltainen kypsä viljaani kuivuu

sielulintuni

henkeni

omani

minä

lähden lohikäärmeen selässä

taivaan äären tuolle puolen

kirkkaiden tähtien taakse

lintuni punainen

palava

nousee tuhkasta sielläkin

tiikeri syö ruumiini viidakossa

kaikki kiertävät tahollaan

osana ikuista kiertoa

SOTURIN TIE

soturin tien lähtöpiste
  hänen oma keskipisteensä
   vakaa ja tasapainoinen
  siellä hän on kotonaan

sen hän säilyttää
  aina
   liikkuessaan
 sinne tai tänne

lähtöpiste ja päämäärä aina mukana
  keskipiste

soturin tie vie kahteen suuntaan
  sinne ja tänne

tie väistää

silloin kun se on viisasta

kun tietä estävät tai uhkaavat voimat

ovat murskaavan suuria

tie ottaa paikkansa

estojen ja uhkien keskeltä

ne syrjään sysäten

pois leikaten

silloin kun se on viisasta

ja oikein

tie tuo joustava

tietää missä se kulkee

ei liian lähellä tuhoavaa

ei omaansa kurkottaen liian pitkälle

liian kauas

ei pois tasapainosta

aina lähellä keskipistettään

lähtökohtaansa

omaa kotiaan

kohti omaa sukuaan

harhat armotta murskaten

täynnä armoa toisia kohtaan

harhaisiakin

armollinen itselleenkin

miettien kenet voi säästää

ketä voi auttaa

nöyränä

LYÖT IKUISEN LEIMAN

sinä lyöt ikuisen leiman
  universumin lujaan pintaan
pysyvän
ainaisen
joka hetki

seisot maan päällä
  yhteydessä maan ytimeen
se kantaa ja ravitsee

universumi tuo tähdistä tehty
  ottaa sinuun yhteyden
  kutsuu sinua
koko ajan

haluat vastata sille

tanssia olemassaolon riemua

jalkasi rakoilla

elämän tulisissa kengissä

ilmaista itsesi

tässä olen!

huutaa sen kauas tähtiin

sinne se painuu

eikä unohdu

tähdet muistavat

ikuisesti

kaikki mitä teet

miten teet

painaa leiman universumiin

taivaaseen

tähtiin

ikuisen

millaisen leiman haluat

ikuisesti sinusta jäävän

unelmien kuvan

tosien tähtipölyunelmien

unelmasi voivat olla

itsesi takia vääristyneitä

haluat olla jotain

jota kuvittelet hienoksi

et itsesi

huikeampaa kuin olet

ei sellaista ole

unelmasi voivat olla

muiden takia vääristyneitä

odotusten mukaisia

sovinnaisia

kannattaa pelata varman päälle

jos haluaa pettyä

olla vajaampi kuin olet

oma itsesi

ruumiisi huutaa

ei ajatuksesi

sydämesi syke

  tähtipölyn unelmasi

 sinä

oma itsesi

millaisen leiman haluat lyödä

universumin lujaan pintaan

leiman joka kertoo

  mitä rakastat

   miten elät

  ikuisen muiston

sinusta

millaisen elämän

ilon

kumppanin

kumppanin jonka kanssa koet

elämän ilot

surut

arjen

elämäsi

sinulle tärkeät asiat

sinut

haluat

minkälaisten unelmiesi mukaiset

niin hurjat ja jännittävät

vai

turvalliset ja hyväksytyt

vai jotain muuta

josta unessa

solujesi sykkeessä

ruumiisi syvyydessä tiedät

tämä on minun

tätä rakastan

hän on minun

häntä minä oikeasti rakastan

minä olen niiden

minä olen hänen

tosi ikuinen leima

universumin lujaan pintaan

ikuiseen

tuohon tähtipölyyn

koko ajan muuttuvaan

pysyvään

ikuiseen

sinä

TILINTEON HETKI

tien päässä viimeinen ranta

    kuilu jonne kaikki katoaa

        seinä josta ei läpi pääse

loppu

sanotaan: tilinteon hetki

siinä hetkessä palavat kirkkaat kuumat liekit

  kirkkaus

      tuo hehkuva vaaka

         vääjäämätön totuus

            vastustamaton

  kirkkaus niin kirkas

siinä näkee

  isoilla silmillä

    kaiken

      selvästi

näkee elämän eri kudelmien oikean olemisen

oikeassa valossa

  arvon

    merkityksen

ilman hämäriä varjoja

  ilman läpitunkematonta pimeyttä

vailla häiritsevää sumua

ei enää sumutusta

  ei harhaa

    ei toiveajattelua toivottomuus paljastettuna

vain todella tosi jäljellä

edessä

  yhdestä suunnasta katsoen

tyhjyys

  olemattomuus

    kaiken loppu

millä on merkitystä ennen tyhjyyttä

onko millään

tyhjyyden edessä kaikella on ehkä

eniten merkitystä

elämän arvolla

elämän kudelmilla jotka polttavasti hehkuva vaaka

punnitsee tosiksi

jos kaikki elämän kudelmat palavat tulessa tuhkaksi

ja katoavat kirkkaudessa jättämättä merkityksen

varjoakaan

mitä se on

tyhjyys loppuu tyhjyyteen

loppu vailla tragiikkaa

voiko traagisempaa olla

toisesta suunnasta katsoen

edessä

loppu

alku

tilinteko

   hehkuva polttava vaaka

punnitsemassa pohjaa

    uudelle alulle

      toisenlaiselle olemassaololle

vain tulesta ja kirkkaudesta selvinneet todet kudelmat

kiteytyvät pohjaksi tälle uudelle

aihioiksi

   upealle

    hienolle

     uudelle

kirkkaat kuumat liekit polttavat pois paljon

mitä niiden edessä ovat

   raha ja valta

     maine tai ansiot muiden silmissä

omissa silmissä

mitä mukava elämä

mikä kestää polttavat kokot

mitä hehkuva vaaka jättää jäljelle

mikä jää aluksi uusille kudelmille

se minkä näit rakastettusi silmissä

ja hän sinun silmissäsi

nimeämätön joka liitti yhteen

yli ymmärryksen

rakkaus

rakkaus kaikkea kohtaan mitä rakastit

yhteys

läsnäolo

niissä hehkuu kirkkaus

totuuden kirkkaus

kauneus

eivät pala loppuun kuumissa kokoissakaan

ei niitä saa katoamaan lopun hehkuva vaaka

ei totuuden kirkkaus kadota

totuuden kirkkautta

kauneuden hehkua

ei hyvyyden lämpöä

rakkautta

yhteyttä toiseen

läsnäoloa

rakkautta

ensimmäinen ranta

tien alku

mukana aihiot uusille kudelmille

nuo tulenkestävät

4.

"kaikkien tarvittavien kanssa"

VAPAUDEN JUHLAT

Vapaus
  tuo uljas nuorukainen
    kaikkien maiden kansojen unelma
    jokaisen yksilön unelma
      olla kuin hän
      olla edes hänen seurassaan

hän katkoo kahleet
  niin arjen kuin juhlan
toisten takomat
  itsemme takomat

salskea nuorukainen
  joka menee minne tahtoo
    ja tekee siellä mitä tahtoo
kuin antiikin jumalat
  nuoruuden voimassaan
    juhlii
      elää

mitä on hilpeä Vapaus

ilman kasvinkumppaniaan

tuota vakavaa ja vakaata nuorukaista

Vastuuta

mihin joutuu Vapaus

millaiseen seuraan ajautuu

vetääkö häntä puoleensa Hedonis

hän joka ei pidä ilonpilaajista

turhan tiukoista pään suojuksista

ei tarpeettomista sydämentahdistajista

ei vatsan vallan kohtuullistajista

puolustaa oikeutta pitää hauskaa

siihen asti ettei se ole enää hauskaa

ainakaan toisille

tuskin itselleenkään

kenellekään

mutta oikeus siihen ihmisellä on

eikö se ole Vapauden todellinen olemus?

hauskanpito

nauttia elämästä kun kerran voi

heti ja halvalla

mukaan livahtaa Hedoniksen siipiveikko

Itsekkyys

hän joka ei pidä Myötätunnosta

Itsekkyys, avulias veikko

auttaa pitämään huolta

ettei huomio herpaannu

väärille reiteille

kohdistu turhaan kaikkeen ikävään

kuten köyhiin ja kipeisiin

rumiin

kaiken maailman epätoivoon

joka tunkee päälle muutenkin liian kanssa

liittyykö seurueeseen jopa ihana Narkissos

joka osaa tehdä itsensä tykö

katsoo sinua kuten ei kukaan ole koskaan katsonut

hän osaa saada sinut tuntemaan

että olet jotain erityistä erityisempää

kohdistaessaan katseessaan sinuun sellaisen lämmön ja

kirkkauden

että sulat ja sokaistut

katseesta

joka lopulta ei

halua mitään muuta kuin heijastua sinusta voimistuneena

takaisin itseensä

imien sinut tyhjäksi

epätoivon kuoreksi

ah mikä seurue

se osaa juhlia!

  viinistä viis

    antaa nektarin virrata

   juhlissa

      joiden tunnelma tihenee ja tihenee

     kunnes on ohut ja kevyt

    kuin syksyn kuiva lehti

   Kohtalon tuulen puhaltaa pois

voi Vapauden kevättä

  ja hukattua Vastuuta

KOHTALON KOULU

elämän koulupakko

elinikäinen oppiminen

Kohtalon koulussa

Kohtalo on kova koulumestari
antaa eteen vaativia tehtäviä
kolkkoja kokeita
keppi kädessä
itsepäisen jääräpäisesti
vaatii kunnon vastaukset

aina voi yrittää lintsata
olla kuin ei huomaisikaan koko kokeita

tai tuijottaa synkästi takaisin

Kohtalon tylyihin silmiin

olla vielä itsepäisempi

vielä jääräpäisempi

en vastaa epäreiluihin kysymyksiin!

hyviä taktiikoita kumpikin

saa istua tasokkaassa tentissä

aina uudestaan

ja uudestaan

ei kohtalo aina ankara ole

on sillä suosikkinssa

omat heikkoutensa

antaa siskonsa Sallimuksen

kuljeskella koulussaan

miten tämä lystää

missä tämä hymyilee

siellä heltyy

Kohtalon ankara katse

suloinen Sallimus

vielä suloisempi serkkunsa Armo

Kohtalon koulun kierot kysymykset

ei ole niihin yhtä oikeata vastausta

koulu on niin moninainen

yhtä aikaa ankara ja vaativa

antava ja vaaliva

kasvatusoppi kovin outo

– vaatii kasvamaan

kasvu on kipua

vaikeat tehtävät

vaatimukset

nuo valtaisat sipulit

täyttää täytyy

ei Kohtalon katseen ohi pääse

ei sitä voi hyväksyä
  pitää nostaa pää
          uhmakkaasti
      viikatteen leikata
  uudestaan
      ja uudestaan

minne Sallimus meni
  tuolla hän on
      kokoaa avustajiaan
  noita rasittavia
      joiden opetusmenetelmät
          ovat pahasti ajasta jäljessä

pää painuneena kulkee ärsyttävä Nöyryys
  ankeita neuvojansa antaa Alistuminen
  pitäisikö muka anoa apua Armolta

puhuvat päättömiä muiden palvelemisesta

ei ikinä!

en itseäni kadota!

uhmakkaasti pää pystyssä vain

kohti viikatetta

Kohtalon tylyä katsetta

minä en koulusta paljoa perusta

elän elämäni niinkuin haluan

vahvana ja lujana

on niitä avustajia minunkin mieleen

Ylpeys ja Ylimielisyys

niillä on kiinnostavat jutut

minä

elämän sankari

minä pidän pääni

vaikka se leikattaisiin yhä uudestaan

ja uudestaan

elämäni on minua varten!

mikä minä lopulta olen

mitä varten elämäni oikeasti on

Kohtalon koulun keskeiset kysymykset

Kohtalolla on monenlaiset kasvot

millä niistä se sinua katsoo

ne kasvot olet itse luonut

VAPAUS JA VASTUU

Vapaus kulki ylväänä maailmalla
kokeili rajojaan
ylitti ne nauraen
oppi lopulta niiden luonteen
näyttivät aidoilta
joiden yli kiivetä
näyttivät muureilta
jotka murtaa

olivatkin seittejä
jotka kietoivat ylimielisen kulkijan
tämän huomaamatta
syleilyynsä
tiukemmin ja tiukemmin
mitä enemmän Vapaus velloi

Vapaus otti Järkeä kädestä kiinni

tutkiskeli verkkoja

huomasi

olevansa pohjimmiltaan taju siitä

mitä ei ole

mitä ei voi tehdä

maailman verkoissa meitä sitovissa

aineen ankarissa laeissa

yhteisön yhteneväisyydessä

kodin kokonaisvaltaisuudessa

omien halujen orjuudessa

Kohtalon kapeilla kujilla

Vapaus huomasi luulleensa paljon

itsestään liikoja

kääntyi sisäänsä päin

kulki kohti lähdettä

tuota alkuperäistä

löysi itsensä

huikean

lähti takaisin maailmaan

tuohon tahmaisten verkkojen täyttämään

iloiten ja nauttien itsestään

etsi kasvinkumppaninsa

Vastuun

tuon vakaan

yhdessä tekevät verkkojen välissä

mitä voivat

huikean paljon

TASAPAINON TANSSI

Tasapaino

    tuo tasainen veikko

  ei ole helppoa hänelläkään

    nykymaailmassa iloisessa

kyllä häntä ihaillaan

  mutta ei oikein ymmärretä

  oikeastaan suorastaan kiusataan

Yltiö

    isoine päineen

    vähän väliä tönii

toki ihailijat puolustavat

Varo ja serkkunsa Vaisuus

tukevat kummaltakin sivulta

ettei vain kaatuisi

vaikka Tasapaino kuinka yrittää selittää

ettei se sillai mene

se on vuoren tie se

vakaana paikoillaan

elävien tulee tanssia

eteenpäin

tähtien tahtiin

ei sitä tanssia osaa

Varon ja Vaisun kaveri

jämeryydestään kuulu Jäykkä

irvikuva siitä on se riekkuminen

jolla Yltiö yrittää näyttää

että hän se osaa

hänellä on ääri

kaukana

toinenkin

kaukana sekin

hänellä on pää

vie päänsä ääreen ja toiseen

hurjasti

näyttää kuin olisi kaksi päätä

äärtä

ruhjovasti

näyttää

näin tulisi Tasapainon tanssia

antakaa tilaa

tehkää tilaa

Tasapainon tanssia

lepo tuo mystinen

jännittävä pieni liike

hurmioitunut iso liike

harkittu täsmällinen levollisuus

haikea takaisin vetäytyminen

lepoon

tuohon mystiseen

askelkuvio toistuu

kauniin samanlaisena

aina erilaisena

antakaa tilaa

tehkää tilaa

Tasapainon tanssia

älkää pysäyttäkö häntä

älkää yllyttäkö

antakaa hänen tanssia

tosi ystäviensä kanssa

Rauha antaa tilaa Tasapainolle

Tasapaino Rauhalle

Nöyryys pehmittää jämerän Jäykän

tehden tilaa

tähtien tahdin

päästä kirkkaana tänne asti

oi Tasapainon tanssia

Rakkauden silmät loistavat

RAKKAUDEN PIIRI

pitkä taival

    hidas

   tehdä tilaa

  kutsua

   kokoon Rakkauden piiri

      niin viisas ja vaatimaton

     tuo aito ja lahjomaton

pitkä taival

  etsiä heidät

  sieltä

   täältä

antaa heidän tulla

  antaa olla

kesyttää Kärsivällisyys

noutaa Nöyryys

totutella Totuuteen

saattaa yhteen Vapaus ja Vastuu

antaa mahdollisuus – edes pieni – Armolle

altistua Alistumiselle

ravita Rauha

pyytää Pyhyys

etsiä

antaa tulla

sieltä ja täältä

saattaa yhteen

siinä tarvitaan niin paljon

löytää Rohkeus

kohdata Kohtalo

sallia Sallimus

suoda Suvaitsevaisuus

järjestää Järki ja Tunne

takoa Tahto

niin paljon heitä on

    kaikki tarpeellisia

        uskotko sen?

      jopa Usko

          hänen kanssaan syntyy luja luottamus itseen

                              ja toiseen

        ehkä auttava aavistus jostain korkeammasta

     toivottavasti myös Toivo

       Myötätunto

     Avoimuus

niin paljon

   niin tarpeellisia

etsiä

  kutsua

    antaa tilaa

liittyä Tasapainon tanssiin

  tässä ja nyt

    eilisen ja huomisen välissä

kaikki Rakkauden piirissä

    Ilo

      Elämä

    Rakkauden silmät loistavat

VIISAUDEN PUU

valitse siemen

tuo täynnä hienojakoista

hienovaraista

voimaa

valitse se sydämesi sykkeellä

solujesi värinällä

katso sitä sielusi silmillä

rauhassa

ilman kiirettä

ymmärryksellä

hyväksi havaitse

sykkeeseen sopivaksi

värinän rytmiin yhtyväksi

ytimen mehujen sukua

omaksi koettu

siemen täynnä voimaa

hae paikka

oma paikkasi

omasta maastasi

auringosta tai varjosta

kunhan omien tähtiesi alla

kylvä siemen

kunnioitusta tuntosi täynnä

Viisauden villi siemen

näkymätöntä voimaa täynnä

kylvä se nöyränä

kastele sitä huolella

hellästi

anna Rakkauden sitä syleillä

herätellä se kasvamaan

juurien kärhet

syvälle maahan

hedelmälliseen

sinun maahasi

etsiä tietänsä

löytämään vettä

lähteen

alkuperäisen

puhtaan

kasvata sen juuret

tukevat

Rakkauden syleilystä alkaneet

Tasapainon tanssin poljennon tahtiin

laajalle levinneet

syvälle yltäneet

kasvata verso ylös

kohti aurinkoa

tähtiä

ilmaan raikkaaseen

Vapauden hengittää

kohti valoa

vahvat juuret

versosta kasvaa runko

vahva ja suora

tai vahva ja vääntyillyt

Kohtalon kouran ohjaama

kastele sitä hellyydellä

omaa puutasi

tanssi sen ympärillä

kasvun tanssia

kaikkien tarvittavien kanssa

Rakkauden piirissä

Tasapainon tanssia

anna lehvästön kasvaa

valoon

vahvat oksat

kevään kukat!

kauniit

avautuvat

kutsuva tuoksu

mehiläisten tulla

noiden ahkerien

vahvat oksat

jaksavat kantaa

hyvän hedelmät

tukevalla oksalla istuen

voi sielulintu levätä

rauhassa

laulaa laulunsa

tuon tähtipölystä tehdyn

aamun valoon

Vapauden tuulessa

sielulintusi laulu
sydämesi aurinko
kypsyttävät hyvät hedelmät
muiden nauttia

Viisauden puu
oma puusi
itsesi näköinen

tukevat juuret
syvällä sydämessä
luittesi ytimessä
maassa
hedelmällisessä

luja runko
Vastuun lujittama
humisten voimaa juurista tihkuvaa
jaksaa kantaa
oksia tuuheita
haarautuvia

oksia monia

sielulinnun laulaa

kaikkia laulujaan

Vapauden tuulessa

kukkien kukkia

kaikkien kukkien

hedelmien kasvaa

hyvien

raikkaiden

Viisauden puu

kaunis

juurellaan Kohtalon kirves

kukkien kevät

hyvän hedelmät

ihmisten iloksi

ROHKEUS MENI JA JÄI

Rohkeus meni
    minne kukaan muu ei halunnut mennä
        väliin
        kun joukolla kiusattiin
    epäreilusti
heikkoa ja omituista

tiesi kärsivänsä itsekin
        meni kuitenkin

Rohkeus jäi
    minne kukaan muu ei halunnut jäädä
        paikkaan josta Toivo oli lähtenyt pois
    missä Usko ei enää käynyt
Rohkeus oli läsnä

kyllä Rohkeutta yritettiin harhaan viedä

Yltiö yllytti

selitti selittämistään

pitäisi oikoa turhat mutkat

päästä pian

kohti lopullista ratkaisua

Rohkeus pitäytyi

tosi ystäviensä seurassa

Oikeamielisyyden

veriveljensä

Vastuun

vanhan ystävänsä

yhdessä seikkailivat Vapauden kanssa

rakkain hänelle kaikista

rakastettunsa

Nöyryys

tuo vaatimaton

yhdessä ystävykset

    viettivät aikaa

  Viisauden puun varjossa

Rohkeus meni

  kulki kohti kamalaa koetta

katsoa toisen kasvoja

  katsoa toisen silmiin

 ja uskaltaa nähdä

Rohkeus jäi

  koettelemuksista vaativimpaan

katsoi peiliin

  ja näki

Rohkeus

  suurisydäminen

5.

"edes joidenkin raikkaiden"

ARMON AUKKO

antakaa armoa

jopa runoilijalle

tein kauniin kuvan
  sommittelin lukemattomista palasista
   mosaiikin
     täydellisen

siihen pitää jättää virhe
  aukko josta Jumala voi tulla teokseen sisään

   oi Jumalani
     kuinka suuri oletkaan

KOSKETUS TOISEEN

tässä maailmassa

ihmisten omassa

tulla nähdyksi

tulla tunnustetuksi

keskellä yhteyksien monimutkaista verkkoa

keskinäisen riippuvuuden kudoksissa

oudolle

erilaiselle

jolla takana tuska

havaituksi tuleminen

muuna kuin outona

tuskan takana

tykyttävä haava

minä en ole!

ulkona keskinäisestä tarvitsevuudesta

jossa vahvistetaan puolin ja toisin

kuulumista meihin

oikeisiin

lämmön lähteen ääreen kelvollisiin

oikeassa asemassa oleviin

tosi ihmisiin

oudolle

erilaiselle

joka ei löytänyt piirin sisälle

yrityksistään huolimatta

jätettiin ulkopuolelle

unohdettiin kun tarve oli suurin

valtava

pakahduttava tuska

nähkää minut!

tunnustakaa oikeuteni olla!

kuurot korvat

mykät muurit

puistelevat päät

    tyhjät katseet

suut puhumassa

    syrjäytymisen ehkäisemisestä

oikeamielisyyden puuskassa

outo jää oudoksi

    erilainen erilaiseksi

kuka on jotakin muuta?

etsikää niin etsitte

    katsokaa niin katsotte

    nähkää niin näette

ihmisen

    toisen

koskettakaa

KATSOA JA KATUA

kun etsii

sitä jotakin

jota on vaikea nimetä

mitä tarvitsee

mikä on tärkeätä

elämisen arvoista elämää

mitä kaipaa

sisimmässään

unissaan

kannattaa katsoa

maailmaa

toista

itseään

kannattaa katsoa

    peiliin

        totuuden tarkasti hiomaan

      avoimin silmin

        koko sielullaan

          uniaan kuunnellen

ytimiin asti

katsoa toisen silmiin

    katsoa mitä hänen silmänsä sanovat

    mitä hänen kasvonsa kertovat

      mitä hänen kehonsa huutaa

          unensa uneksii

katsoa toista

    tuota peileistä hirmuisinta

kannattaa katsoa ja katua

kasvun paikka

totuuden hioma peili

ymmärrys itsestäsi

on siinä kestämistä

kipua

nöyrtymistä

tarvitset rohkeutta

eniten kaikesta

rakkautta

mistä sitä tässä maailmassa revit?

vaikka mistä

jos etsit omaasi etsimättä omaasi

KASVUN VIISI MYSTEERIÄ

kasvatuksen taito

kasvien
eläinten
ihmisten
oman itsen
ajatusten
kaikkien

ymmärrä mitä kasvatat
sen ydin
mystinen
ymmärrä vaikkei sitä voikaan ymmärtää
mihin siemen saattaa yltää
mihin se haluaa yltää
mikä sen suunta ja määrä on
mitä se kaipaa
salaisuudet

anna sille oikea paikka

oikea ravinto

oma tilansa

nousta itse

versoa omaan suuntaansa

toteuttaa salaisuutensa

ymmärrä sen omien voimien rajat

vastusten ja rajojen tarve

tuen tarve

rauhan tarve

anna sille ilmasto

kukkien kukoistaa

kolmas mysteeri

muutos

hurmos

anna aikaa

kukkia vasta kun on aika

anna ihailua

   iloitse itse

anna kukkia omia kukkiaan

  omaksi ilokseen

        ei sinun

kukkien ihme

  kaunis

oleellinen juttu

  saada kukista kehittymään hedelmät

arkinen aherrus

  arjen mysteeri

miten saada kukkien riemu

    kudotuksi osaksi tätä harmaata maailmaa

  kypsymään maukkaiksi

  hyviksi hedelmiksi

  toisillekin tarjottavaksi

  heidän nautittavakseen

puutarhurin kärsivällisyys

vieläkin oleellisempaa

hyvän hedelmän lopputulos

kaikella on aikansa

kaikki kuihtuu pois

kaikessa on se jokin

oleellinen

luopuminen

kuihtuminen

kiteyttää

kirkastaa

kaikista oleellisimman

siemenen

mystisen

tien uuteen

kasvatuksen taito

olla läsnä

olla poissa tieltä

rakastaa

ymmärtää
tarve
halu
kaipuu

antaa asioiden tapahtua luonnollisesti

tuoda luonto sekasorron hävityksen keskelle

paikka kasvavan kasvaa

TARTU KIINNI

tartu kiinni
 tärkeään
  mitä sydämesi
  luittesi ytimet
 tosiunesi
tarvitsee

ota oma paikkasi
 ottaen
 antaen
 tunnustellen
mukautuen

omaan paikkaan
 mukaudut tietäen
  minun tuleekin muuttua
 juuri näin

jätä turha vanha painolasti

sen aika on mennyt

tartu kiinni

silloin kun hetki on

jätä ylpeys ja ylimielisyys

nöyrät löytävät oman paikkansa

salaisen ja hienon

loppumattoman lämmön ja rauhan lähteen

pohjan innostukselle

elämän rakkaudelle

oman paikan

muiden mielestä vaatimattoman

väärän ja häiritsevän

pidä siitä kiinni
jätä arkuus ja pelko
älä jätä yrittämättä
älä ruhjo väkisin
tao tahtosi voimalla
taitavasti
oikeisiin kohtiin

se mitä todella haluat
muovaa sinua
sinä muovaat sitä

olette kokonaisuus
täysi

pidä oma paikkasi
syleile sinulle rakasta
hellästi ja kunnioittavasti
sielusi syvällä kiihkolla

anna sille tilaa

　älä päästä irti

tärkeästä − kun hetki on

kaiken hälyn keskellä

　kaiken sumun seassa

　satoihin harhoihin johdettuna

sinun on tehtävä päätös

tämä on todella minun

　tätä minä todella tarvitsen

rakkaudella

　tartu kiinni

ANNA MENNÄ

anna mennä
    sen mikä ei sinulle kuulu
      enää
        tai koskaan kuulunutkaan

anna sulaa
    menneen talven lumen
tai nykyisenkin
    niskaasi työnnetyn
tartu irti
  luovu
  jos se ei sinulle kuulu

loukkaukset
  nuo ilkeät
kuin väkäskoukkuja
    tarkoitettu satuttamaan
      tarkoitettu jäämään kiinni
lihasi
  sielusi
    herkimpään kohtaan

sattumaan kun yrität repiä niitä irti

katso niitä tarkasti

    älä vihalla vaan viisaudella

ovatko oikeasti mitä yrittävät esittää

  ovatko sinun vikasi

    sinun heikkoutesi

jos ovat

  sinun on ehkä syytäkin

    muokata lihaasi

 sieluasi

eri malliin

usein eivät

  ovat heittäjänsä keino

    purkaa omaa pahaa oloaan

    työntää pois puolet joista ei itsessään pidä

  nostaa itseänsä ylemmäksi

katso koukkuja tarkasti

  miten ne ovat sisääsi tunkeutuneet

vedä ne ulos oikeasta suunnasta

  itsellesi armollisena

anna mennä mitä et tarvitse

    luovu siitä mikä ei sinulle kuulu

tartu kiinni

        uuteen

           tärkeään

laske irti

    siitä mikä pitää päästää menemään

oli se sinun oma juttusi

        aikansa ohittanut

tai jonkun toisen juttu

    sinuun työnnetty

anna mennä

  vapaasti

    hengitä

      haikeasti

    itke ja sure

  älä pidättele

tunne tuska ja anna sen mennä

anna anteeksi

ei auta itsesääli

ei toivottomuus

ei kasvojen säilyminen kivenä

minä pärjään!

mikään ei tunnu!

tuntuu kuitenkin

ei auta kateus

ei väkisin ahnehdittu korvaava kokemus

itsekkyyteen kääntyminen

auttaa sydämen lämpö

tosi oma juttusi

sinulle tärkeä

kasva

tee tilaa

ota vastaan uusi

raikas

hengitä

ALTISTUA ALISTUMISELLE

kerran
   ruohonkorsi kasvoi korkeammaksi kuin muut
kerran
   kuuseen kurkotettiin
kerran – jo muinoin
   tragedian sankari joutui ylimielisyyden valtaan

terä tuli ja leikkasi
   katajaan kapsahdettiin
 sankaria kohtasi jumalten kosto

niihin piti alistua

tasapäinen ankeus

   älä alistu sille ikinä!

185

ole oma itsesi

    täysillä

    älä muotissa joka sinulle asetetaan

sieltä voi lähteä muuallekin

        kuin muiden yläpuolelle

            paremmaksi kuin tavanomainen

monta tietä

    muualle

      mukavuusalueen ulkopuolelle

monta mahdollisuutta

    kohtalon kovan kouran

      ja kotisi lämpimän lieden

  välissä

älä itseäsi petä

    altista silti alistumiselle

alistu löytämään tosi itsesi

  ei muiden yläpuolella

  vaan alistuneena tukemaan muita

    lohduttamaan

    löytämään ilon

ei turhuuden turuilla

  välkkyvien valojen kuusen latvan

    muovista tähteä tavoittelemassa

vaan alistuneena katajikossa kulkemaan

  kärsivien kanssa

    tarpeiden täyttäjänä

  nöyränä

nöyränä – ei ylimielisenä

  yhtenä osana kudelmaa

    tuota rikasta

  jossa jokainen osa on tärkeä omalla paikallaan

altistua alistumaan

olemaan osa kudosta

tuota loistavaa ilon lähdettä

alistua tajuamaan

että on suurempaakin kuin sinä

nöyränä

ylpeänä omana itsenään

ei koskaan alistua turhuuteen

RAKKAUDEN VOI

ei rakkautta käskeä voi
  ei vaatia
  ei kaivella esiin sieltä missä sitä ei ole
    ei herätellä ennen aikojaan

rakkautta voi kyllä
  teeskennellä
  esittää
  näytellä ylt ympäriinsä ylpeänä
  kuvitella että on niin hienoa kun olen niin niin rakastunut

rakkauden voi
  tylysti tuhota
  tukahduttaa tyngäksi
  näivettää näreeksi
tuskaiseksi muistoksi jostain jota oli tai olisi voinut olla
  rakkauden voi ohittaa kokonaan
    unohtaa
  laiminlyödä monin tavoin

rakkauden voi

ottaa vastaan

antaa tilaa

vaalia

ravita

syventää

seurata sydämesi ääntä

MAAN ÄÄRET

taivaalta sataa vettä
  ja rikkiä
   ja happoa
välillä fosforia
  valkoista – niin mustaa

maa imee kaiken sen
  maa on tottunut ottamaan vastaan
  vaikka mitä – loputtomasti
tuottamaan kuitenkin hyviä hedelmiä

maa
  tuo vastaanottava
      ravitseva
   hyvän sadon antaja
     anteeksi antaja
  kaipaa taivaan kirkasta kosketusta
mutta kestää vaikka mitä
   valittamatta

maa janoaa vettä

   puhdasta ja raikasta

oi – sitä tulee liikaa

   ei – ei se ole enää puhdasta

maa kestää

   vaikka mitä

kunnes ei enää kestä

   selkoset katkeavat

   järkkyvät

loputon vastaanottaja

   loputon puhdistaja

   ravitsija vailla ääriä

ei ulotu kuitenkaan kuin maan ääriin

mieleni maisemat

   vain katsoa voin tähtiin

      unelmoiden

kaikki kuona täyttää maan ääriä myöten

lisää

lisää

ei se valu äären yli

putoa kuiluun pois meitä häiritsemästä

se valuu ääristä takaisin

kyllästäen jo kyllästetyn

kunnes ikuisuus loppuu

ikuinen kestäjä ei enää kestä

hedelmällinen multa kyllästyy

kyllästyy olemaan hedelmällinen

väärällä tavalla

voi maa

   voi taivaan kirkkaus

      auringon hehku

minne olette menneet

raastetut

  revityt

   pilatut

oi ahneuden kourat

  jotka muokkaatte maan

 uudenlaiseksi

  tuottavaksi

   kyllästyneeksi

maa

   elämän kantaja

  vettynyt ja kupliva

    sen liejun ravitsemana

   myrkyllisen usvan takaisen auringon valossa

paha on kasvaa suoraan

paha on kukkia

  kukista kasvaa outoja

    viistoudessaan houkuttelevia

  hurjuudessaan sykähdyttäviä

tukahduttavia

poimi ne!

  tunne niiden tahmeus

    eivät käsistäsi enää irtoa

turpeuden nautinto

kukat polttavat – tunnen siis jotain

tämän kaiken keskellä

  vielä jossain

yllättävissä paikoissa

  pieniä keitaita

    rauhallisia laaksoja

karujen vuorten yksinäisiä huippuja

  joissa kirkas taivas

    ja puhdas maa

  raikas vesi

hyvän hedelmien kasvaa

  edes joidenkin

  raikkaiden

Erilaisista siemenistä hyvän hedelmiin

Hyvän hedelmiä -runokokoelman runot syntyivät pääasiassa vuosina 2017 – 2019. Joitakin runoja on aikaisemmiltakin vuosilta, muutama vuosilta 2020 ja 2021. Ajatukseni ja vaikutteeni, jotka tuolloin muotoutuivat runoiksi, ovat luonnollisesti muotoutuneet koko elämäni aikana. Hyvän hedelmät ovat kasvaneet monista siemenistä.

Runoja kirjoitin jo nuorena, aina teini-ikäisestä lähtien. Suurena inspiraation lähteenä minulle olivat laulujen sanat. Pitkän aikaa keskityin itsekin lähes yksinomaan laulujen sanoittamiseen.

Myöhemmin työssäni opettajana jouduin usein pitämään koulun juhlissa puheita. Monesti pyrin etsimään puheen yhteyteen jonkun aiheeseen sopivan runon. Välillä, monien runokokoelmien selailusta huolimatta, en löytänyt kaipaamaani runoa. Päädyin siten kirjoittamaan tuon runon itse.

Nuoruuden innolla olin musikaalisesti lahjattomana bänditouhuissa mukana. Vanhempana nämä jäivät. Vaikka yhä tein laulujen sanoituksia, niille harvoin oli enää säveltäjää tai tarvetta. Niinpä aloin vähitellen kirjoittaa runoja ihan runoina, ei siis laulun sanoiksi tarkoitettuja, myös muuten kuin puheitani varten.

Monien ihailemieni runoilijoiden teksteissä minua oli usein jotenkin häirinnyt niistä päälle tunkeva kyynisyys. Ymmärrän kyllä, että kun maailmaa katsoo tarkasti, kyynistä reaktiota voi pitää asianmukaisena ja luonnollisena. Opinnoissani pääaineenani oli historia, eikä maailmanhistorian syvempi tarkastelu erityisemmin vie poispäin kohti kyynisyyttä vievistä vaikutteista. Omankin elämän käänteet ja ihmissuhteiden kuviot olisivat voineet hyvin johtaa kaiken toivon heittämiseen.

Onnekseni elämässäni oli myös käänteitä, jotka veivät kohti kokemusta maailmasta, jota on kuitenkin syytä ja mahdollista rakastaa. Nuoruuden ystäväpiiri, ystävät myöhemminkin, onni päästä työelämässä mielekkäisiin ympäristöihin ja tehtäviin, mielekkyyttä tuoneet työtoverit, oppilaat, opiskelijat ja aikuisopetuksen kurssilaiset, monet valtavirran ulkopuoliset opinnot ja ennen kaikkea perhe, rakkaat lapset ja rakas vaimoni, ovat kaikki olleet vastalääkettä kyynistymiselle. Omalla valinnallakin suostua näkemään valo kaiken pimeyden takana on toki ollut oma osansa.

Monesti myös ihailemieni runoilijoiden kyynisyyden takaa aistin syvää rakkautta maailmaa kohtaan. Oman kyynisyyden asema maailmassa saatettiin myös nähdä hyvin suhteellisena ja monimielisenä, kuten Jethro Tullin Ian Anderson kappaleessaan Baker Street Muse runoilee: "And if sometimes I sing to a cynical degree – It´s just the nonsense that it seems", vapaasti suomennettuna "Ja jos joskus laulankin kyynisellä tavalla – Se on juuri sellaista roskaa miltä se näyttääkin". Kyynisyyden esillepano oli kuitenkin kokonaisuudessaan niin suurta, että jäin kaipaamaan toisenlaista asennetta.

Tämä runoteos on syntynyt tuosta kaipauksesta. Uskon, että maailmassa ja elämässä on paljon upeita ja hienoja asioita. Ei välttämättä helposti saatavilla, mutta kuitenkin mahdollisina löytää ja poimia. Tämä on tämän runokokoelman teema. Ihailemani Baudelairen runojen kokoomateoksen "Pahan kukkia" nimen innoittamana oman runokokoelmani nimeksi tuli "Hyvän hedelmiä".

"Hyvän hedelmien" osassa 4. "kaikkien tarvittavien kanssa" (sivut 129-163) personifioin Baudelairen innoittamana erilaisia ihanteita tai ihanteiden vastakohtia. Kun Baudelairella pääosissa olivat esimerkiksi Haureus, Epätoivo ja Kuolema, yritän itse pitää pääosissa toisentyyppisiä hahmoja, kuten Vapautta, Tasapainoa, Rakkautta, Viisautta ja Rohkeutta.

Siemeniä, joista koen kasvaneen hyviä hedelmiä, on monenlaisia. Historiatieteen koulutuksen saaneena näen, kuinka kristinuskoon ja antiikin kulttuuriin pohjautuvat länsimaisen sivistyksen perusmyytit vaikuttavat tapaani ajatella. Ne sekoittuvat mieleni prosesseissa suomalaisiin kansallisiin myytteihin, jotka ovat jo syntyvaiheessaan sekoittuneet länsimaisen sivistyksen perusmyytteihin.

Filosofian, toisen pääaineeni, puolelta nykyajan ymmärtämiseen minuun on vaikuttanut erityisesti kanadalaisen filosofin Charles Taylorin teos "The Sources of the Self". Kyseisestä teoksesta on saanut innoituksensa esimerkiksi runossani "Kulttuurimme kylmässä valossa" (sivulla 101) oleva ajatus nykyihmisestä. Tämä ei enää usko kulttuurimme arvoihin, mutta syö kuitenkin loisena kulttuurimme kuolleessa ruumiissa sen mätää lihaa.

Itämaisten kamppailulajien ja perinteisen kiinalaisen lääketieteen opinnot ovat tuoneet ajatteluuni itämaisia ainesosia. Erityisesti olen vaikuttunut taolaisuudesta tai opeista, joita taolaisiksi kutsutaan. "Tao de jing" onkin yksi kovasti ihailemani runoteos. Monissa runoissani käytän omalla tavallani muinaisen kiinalaisen kulttuurin symboliikkaa.

Näkemykseni mukaan itsellemme vieraan kulttuurin ajatuksia ja symboleita emme kykene kääntämään omaan kulttuuriimme suoraan. Tämä kulttuurinen kääntäminen vaatii aina pitkän tulkintaprosessin. Tulkinnassa on toivottavasti jotain samaa kuin alkuperäisessä ajatuksessa, mutta aina omassa erilaisessa viitekehyksessään, saaden siten omia alkuperäisestä erilaisia merkityksiä.

Oma oppini on tullut osin suoraan nykypäivän Kiinasta, jossa vanhoja oppeja tulkitaan virallisesti kommunistisen puoleen ideologian viitekehyksessä. Kokemukseni mukaan niitä käytännössä tulkitaan nykypäivän Kiinassakin myös omalla laaja-alaisella näkemyksellä. Suurelta osin olen oppini saanut kiinalaisen kulttuurin ulkopuolisten alan asiantuntijoiden välittämänä. Taustallaan heillä on eurooppalainen filosofia ja psykologia, osalla lisäksi myös amerikkalainen tai tarkemmin kalifornialainen ajattelu, maustettuna humanistisella psykologialla. Saamiani oppeja tulkitsen itse runoilijan luovuudella.

Pääasiallisen työurani olen tehnyt lukion historian ja filosofian opettajana steinerkoulussa. Ajatteluuni on vaikuttanut suuresti steinerkoulun perusajatus ihmisen tasapainoisesta ja kokonaisvaltaisesta kasvusta. Samojen teemojen olen kokenut olevan keskeisiä myös taolaisissa ajatuksissa.

Mihinkään tiettyyn oppiin en itse kuitenkaan koe kiinnittyväni. Pyrkimyksessä kohti korkeampia ja syvempiä maailmoja keskeisin arvo on mielestäni vapaus. Jokaisen ihmisen on itse löydettävä oma tiensä, oma tapansa kohdata korkeampi ja syvempi.

Minulle, tärkein kaikista, rakkaus.

Viitteitä muihin teksteihin

Runoissani olen joissakin kohtaa viitannut muihin teksteihin hyvin tietoisesti. Näitä kohtia ovat runossa "Lähde" (sivulla 102) huomaamaton portti sisällämme, joka viittaa luonnollisesti Pekka Stengin lauluun "Sisältäni portin löysin". Toinen vastaava on runossa "Rakkauden piiri" (sivulla 150) luonnehdinta Rakkauden piiristä, viisas, vaatimaton, aito, lahjomaton, joka on tietoinen viittaus suuresti ihailemaani Tuomari Nurmion lauluun "Vielä yksi opetus".

Runossa "Soturi" (sivulla 109) olevat ilmaisut "levossa kuin vuori" ja "liikkeessä kuin virta" viittaavat suoraan vanhoihin kirjoituksiin Taijiquanista. Niiden tekijänä pidetään Timo Klemolan mukaan kuuluisan mestarin Chang San-fengin etevintä oppilasta nimeltään Wang Chung-yueh. Hän eli Ming-dynastian (1368-1644) ajalla. Saman runon lopussa (sivulla 113) lähden lohikäärmeen selässä taivaan äären tuolle puolen ja tiikeri syö ruumiini viidakossa. Tämä kohta on saanut innoitusta kuuluisan Mawangduin hautalöydön, Han-dynastian ajalta noin 168 eKr, rouva Dain haudan hautajaislipun kuviosta ja etenkin Peter Firebracen kurssillaan esittämästä kuvioiden tulkinnasta.

Kuva katedraalien taivaisiin haipuvista torneista, syvälle helvettiin kaivautuvista kellareista ja ikkunoista ihmeen omaiseen valoon runossa "Kulttuurimme kylmässä valossa" (sivut 98-99) on saanut innoitusta apotti Sugerin, gotiikan tärkeän vaikuttajan, 1100-luvulla esittämistä ajatuksista. Runon "Armon aukko" (sivulla 167) kuvaus virheestä, joka mahdollistaa Jumalan tulon teokseen sisään, liittyy itäroomalaisiin mosaiikkeihin. Olen lukenut artikkelin, jonka mukaan taiteilijat jättivät muuten täydellisiin taideteoksiinsa jonkin virheen, jotta Jumala voisi päästä teokseen sisään.

Joitakin epämääräisempiäkin viittauksia filosofeihin olen tehnyt tietoisesti, esimerkiksi runossa "Kulttuurimme kylmässä valossa" (sivulla 100) massojen kapina viittaa luonnollisesti Ortega y Gassetin samannimiseen teokseen. Wittgensteinin Tractatuksen loppusanoja "mistä ei voi puhua, siitä on vaiettava" vääntelen runossa "Lähde" (sivulla 105). Vähemmän tiedostettuja viittauksia niin kirjallisuuteen, runouteen, filosofiaan ja historiaan runoistani löytyy varmasti paljon.